숙종은 여진 정벌에 실패하자
별무반이라는 특별 부대를 만들었어요.
예종 때 윤관은 별무반을 이끌고
여진족을 물리치고 동북 지역에
9성을 쌓았지요. 인종 때 승려 묘청이
서경으로 도읍을 옮기려다 실패한 뒤
무신 정권 시대가 열리게 되었어요.
자, 고려의 역사 속으로 들어가 볼까요?

추천 감수 박현숙 (고대사)

고려대학교 사범대학 역사교육과를 졸업하고 동 대학원에서 문학박사 학위를 받았습니다. 현재 고려대학교 사범대학 역사교육과 교수로 재직 중이며, 백제 문화와 고대 인물사 등에 대한 활발한 연구를 계속하고 있습니다. 쓴 책으로 〈백제의 중앙과 지방〉, 〈한국사의 재조명〉 등이 있습니다.

추천 감수 정구복 (고려사 · 조선사)

서울대학교 사범대학 역사교육과를 졸업하고 서강대학교에서 문학박사 학위를 받았습니다. 한국학중앙연구원 한국학대학원의 교수로 재직 중이며, 한국학중앙연구원 한국학대학원 원장을 역임하였습니다. 쓴 책으로 〈한국인의 역사 의식〉, 〈역주 삼국사기〉, 〈한국 중세 사학사 1, 2〉 등이 있습니다.

추천 감수 김한종 (근현대사)

서울대학교 사범대학 역사교육과를 졸업하고 동 대학원에서 역사교육을 전공하여 문학박사 학위를 받았습니다. 현재 한국교원대학교 교수로 재직 중입니다. 쓴 책으로 〈역사 교육 과정과 교과서 연구〉, 〈역사 교육의 내용과 방법〉(공저), 〈한 · 중 · 일 3국의 근대사 인식과 역사 교육〉(공저), 〈역사 교육과 역사 인식〉(공저) 등이 있습니다.

고증 문중양 (과학사)

서울대학교 계산통계학과를 졸업하고 동 대학원에서 이학박사 학위를 받았습니다. 쓴 책으로 〈우리 역사 과학 기행〉, 〈우리의 과학문화재〉(공저), 〈세종의 국가 경영〉(공저) 등이 있습니다.

고증 정연식 (생활사 및 복식)

서울대학교 국사학과를 졸업하고 동 대학원에서 문학박사 학위를 받았습니다. 쓴 책으로 〈조선 시대 사람들은 어떻게 살았을까?〉(공저), 〈일상으로 본 조선 시대 이야기 1, 2〉 등이 있습니다.

글 박영규

1996년 밀리언셀러 〈한권으로 읽는 조선왕조실록〉을 출간한 이후 〈한권으로 읽는 고려왕조실록〉, 〈한권으로 읽는 백제왕조실록〉, 〈한권으로 읽는 신라왕조실록〉 등 '한권으로 읽는 역사 시리즈'를 펴내면서 쉽고 재미있는 역사책 읽기의 바람을 일으켰습니다. 그 외에도 〈교양으로 읽는 한국사〉 등의 많은 역사책을 썼습니다.

그림 김태현

추계예술대학교에서 동양화를 전공하고 1997년 한국출판미술대전에서 금상을 수상하였습니다. 현재 한국출판미술협회 회원이며 프리랜서 일러스트레이터로 활동하고 있습니다. 전 모빌 회원으로 '꿈 이야기전', '이미지전' 등의 전시에 참여하였고, 그린 책으로 〈한국사 탐험대〉, 〈고구려〉, 〈광개토대왕〉, 〈발해〉, 〈금방울전〉, 〈내친구 솔솔이〉 등이 있습니다.

이미지 제공

연합포토, 중앙포토, 국립중앙박물관, 국립부여박물관, 국립경주박물관, 국립민속박물관, 유연태(사진작가), 허용선(사진작가)

광개토 대왕 이야기 한국사 **38** 고려

태평성대를 노래하다

총기획 및 발행인 박연환
발행처 (주)한국헤르만헤세
출판등록 제17-354호
연구개발원 경기도 성남시 분당구 금곡동 444-148
대표전화 (031)715-7722
팩스 (031)786-1100
본사 서울시 송파구 석촌동 7-3
대표전화 (02)470-7722
팩스 (02)470-8338
고객문의 080-715-7722
편집 임미옥, 백영민, 윤현주, 지수진, 최영란
디자인 장월영, 주문배, 김덕준, 김지은

ⓒ Korea Hermannhesse

이 책의 표지는 일반 용지보다 1.5배 이상 고가의 고급 용지인 드라이보드지를 사용해 제작하였습니다. 표지를 드라이보드지로 제작하면 습기의 영향을 덜 받기 때문에 본문 용지가 잘 울지 않고, 모양이 뒤틀리지 않아 책을 오랫동안 보존할 수 있습니다.

이 책은 기존의 석유 잉크 대신 친환경 식물성 원료인 대두유 잉크를 사용하여 인쇄하였습니다. 대두유 잉크는 선진국에서 널리 사용하고 있는 고가의 대체 잉크로, 휘발성이 적어 인쇄 상태의 보존이 용이하고, 인체에 무해할 뿐만 아니라 눈에 부담을 주지 않는 자연스러운 색을 내는 특징이 있습니다.

태평성대를
노래하다

감수 **정구복** | 글 **박영규** | 그림 **김태현**

한국헤르만헤세

허수아비 왕 헌종

왕위를 놓고 다투다

선종은 어린 아들 욱에게 왕위를 넘겼어요. 바로 제14대 헌종이에요.

대부분의 신하들은 선종의 결정을 못마땅하게 여겼어요.

"이제 겨우 11세 어린아이에게 왕위를 이으라니, 쯧쯧."

"아우가 다섯 분이나 있는데 말야."

이전의 왕들은 아들이 어리면 동생에게 왕위를 물려주었어요.

나라의 안정을 위해서였지요.

그래서 선종의 동생들은 왕위를 물려받을 것을 기대하고 있었어요.

제일 실망한 사람은 계림공 왕희였어요.

"계림공 어른, 왕이 너무 어리고 병약하여 모든 실권을 사숙 태후가

쥐고 있어요. 그냥 보고만 계실 것입니까?"

"기다리시오. 어차피 왕은 당뇨병이 심해 오래가지 못할 것이오."

왕이 계속 제구실을 못 하고 왕의 어머니가 실권을 쥐고 흔들자,

마침내 새로운 왕을 세우려는 움직임이 일어나기 시작했어요.

이때 떠오른 사람이 왕윤이에요.

왕윤은 선종의 비였던 원신 궁주의 큰아들이에요.

원신 궁주의 오빠인 이자의는 왕윤을 왕으로 세우고 싶어 했지요.
이자의는 계림공 왕희가 왕위에 오르는 것을 막기 위해 늘 대신들에게
이렇게 말했어요.
"돌아가신 왕은 이미 아들에게 옥새를 넘기셨습니다. 그런데 삼촌이
다시 왕위를 빼앗아서야 되겠습니까? 왕윤이 왕위를 잇는 것이
돌아가신 왕의 뜻일 것입니다.
형이 안타깝게 먼저 세상을 떠나면 마땅히 동생이
뒤를 이어야지요."

그저
저만 믿고 편히
계세요.

어마마마,
힘들어요. 누워
있으면 안 돼요?

7

호호호, 내 돈과 권력으로 조카 왕윤을 왕으로 세워야지.

이자의가 죽임을 당하다

고려 왕실은 왕은 제쳐 두고 왕실 세력을 대표하는 왕희와 외척 세력을 대표하는 이자의가 왕권을 놓고 다투는 상황이 되었어요.

1095년 어느 날 밤, 계림공 왕희는 평장사 소태보를 몰래 찾아갔어요.

"평장사, 군사를 보내 이자의 세력을 없애 주시오. 그렇지 않으면 왕실이 위태로울 것이오."

"알겠습니다, 걱정 마십시오."

그길로 소태보는 상장군 왕국모에게 사람을 보내 이렇게 일렀어요.

"호시탐탐 왕위를 노리던 이자의가 드디어 반란을 일으키려 합니다. 지금 군사를 이끌고 궁궐로 가서 폐하를 보호해 주십시오."

왕국모는 잠시 고민에 빠졌어요.

'이자의는 많은 군사를 거느리고 있다. 많은 군사를 이끌고 가면 분명히 전쟁이 일어날 텐데 어찌해야 할 것인가?'

이윽고 고민을 끝낸 왕국모는 고의화를 불렀어요.

"지금 당장 몸이 날랜 군사를 몇 명 이끌고 가서
이자의와 그 일당을 몰래 죽이거라."
명령을 받은 고의화는 군사를 이끌고 궁궐로 들어갔어요.
마침 그때 이자의와 그 일파가 궁 근처를 지나고 있었어요.
순식간에 이자의를 죽인 고의화는 군사들을 이자의의
집으로 보내 그의 아들도 죽였어요.
원신 궁주와 그녀의 세 아들도
귀양을 가게 되었지요.

그러게 내가
이웃이랑 나누며
살랬지?

으, 암살에는
도 권력도 아무
소용없구나.

9

이제
그만 자리를
내놓으시지요.

왕의 자리를 스스로 내놓다

고려의 권력은 왕희와 소태보 등의 왕실 세력으로 기울어졌어요.
이제 계림공 왕희가 다음 왕이 될 것이 확실해졌어요.
모든 관리들은 궁궐을 비워 놓고 왕희의 집으로 가서 나랏일을
의논하기 시작했어요.

조정 신하들이 모두 왕희의 세력으로 바뀌자,
사숙 태후와 헌종은 도장이나 찍어 주는 허수아비가
되고 말았어요.

1095년 10월, 헌종은 마침내 다음과 같은 글을
남기고 스스로 왕위에서 물러났어요.
"짐이 나이가 어리고 몸이 허약해
나라를 옳게 이끌지 못했다.
짐의 생각에는 모든 신하들이
숙부 계림공을 돕고 있는
듯하니, 백성들 또한 계림공을
받들어 나랏일을 맡게 하라.
짐은 후궁으로 물러앉아 남은
생명이나 유지하도록 하겠다."

헌종을 따르는 신하는 거의 없었어요.
이런 상황에서 헌종이 왕위를
고집하다가는 죽임을 당할 것이 분명했지요.
헌종은 왕위를 내놓아야 살 수 있었어요.
신하들은 헌종을 무시했을 뿐만 아니라,
어서 왕위를 내놓으라며 은근히 위협해 왔으니까요.
결국 사숙 왕후도 병약한 어린 왕과 함께 후궁으로
물러났어요.
끊임없이 왕희의 눈치를 보며 두려움에 떨며
지내는 신세가 되고 말았답니다.
그 뒤 헌종은 1097년 2월에 14세의 어린 나이로
세상을 떠났어요.
헌종은 겨우 1년 5개월 동안 왕위에 있었답니다.

난 한 번도
왕이었던 적이
없었다.

강력한 왕권을 세운 숙종

고려가 안정을 찾다

순종과 선종의 동생인 왕희가 드디어 왕위에 올랐어요.

그가 바로 제15대 숙종이에요. 숙종이 왕위에 오르면서

고려 왕실은 다시 강력한 왕권을 중심으로 안정되었어요.

하지만 숙종은 깊은 슬픔에 빠져 나날이 기운을 잃어 갔어요.

가장 아끼던 둘째 아들 필이 어린 나이에 목숨을 잃었거든요.

이 틈을 타서 숙종의 배다른 동생인 부여공 왕수가

왕이 되기 위해 세력을 키우고 있었어요.

'동생인 내가 왕이 되려면 힘을 키워야 해.'

숙종은 즉위할 때 이미 42세였기 때문에 하루빨리

왕위 계승자를 정해야 했어요.

"폐하, 나라의 안정을 위해서 빨리 세자를 정하시옵소서."

사람들은 이번에도 전처럼 동생이 왕이 될 수도

있다고 생각하고 있었어요.

다음 왕은 내가….

왕수야, 꿈 깨라.
내 아들이 벌써
17세니라.

하지만 숙종에게는 17세가 된 장남 왕우가 있었어요.
따라서 부여공 왕수가 왕위를 이을 이유가 없었지요.
그런데도 부여공은 왕위에 대한 미련을 버리지 못했어요.
"왕수가 역모를 꾀했다고?
당장 멀리 쫓아 버리거라."
동생이 다음 왕위를 넘본다는 소문이 돌자
숙종은 부여공을 귀양 보내고,
두 달 뒤에 서둘러 왕우를 태자로 세웠어요.
이듬해에는 지금의 서울인 한성에 남경을
설치하고 새 궁궐을 지었어요.
왕의 권위를 더욱 높이기 위해서였어요.

13

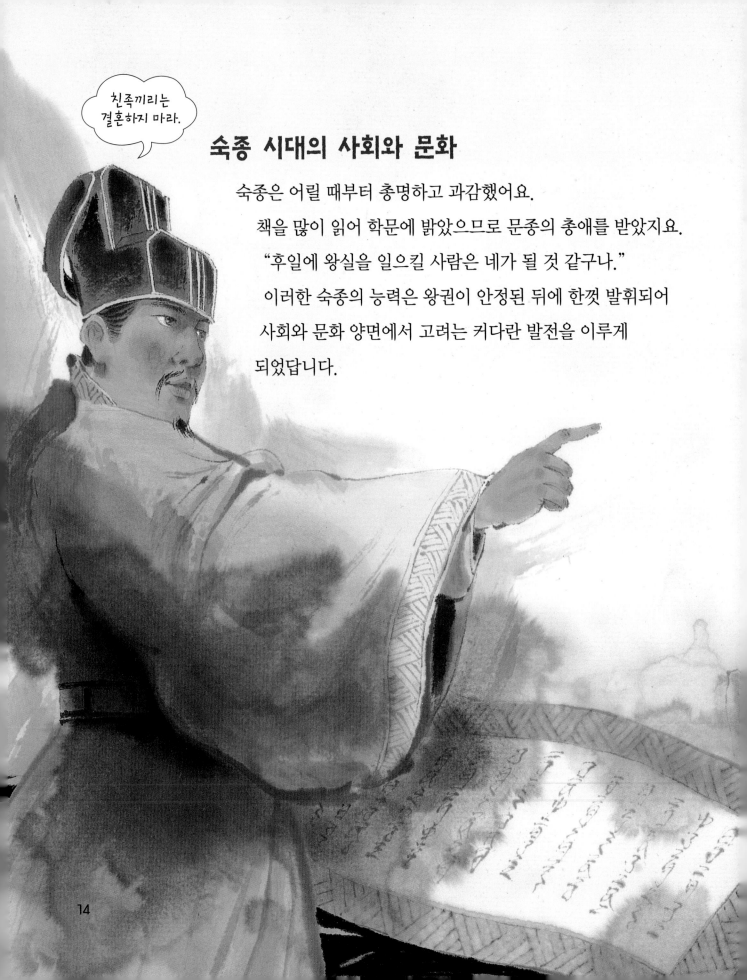

친족끼리는
결혼하지 마라.

숙종 시대의 사회와 문화

숙종은 어릴 때부터 총명하고 과감했어요.

책을 많이 읽어 학문에 밝았으므로 문종의 총애를 받았지요.

"후일에 왕실을 일으킬 사람은 네가 될 것 같구나."

이러한 숙종의 능력은 왕권이 안정된 뒤에 한껏 발휘되어

사회와 문화 양면에서 고려는 커다란 발전을 이루게

되었답니다.

1096년, 숙종은 유학자들의 의견을 받아들여 족내혼(6촌 이내의
혼인)을 금지시켰어요. 이전까지는 어머니가 다르기만 하면
남매간이라도 혼인을 할 수 있었는데, 이것을 할 수 없도록 한 거예요.
족내혼을 금지했다는 것은 그만큼 유학자들의 힘이 세졌다는 뜻이지요.
"어떻게 모르는 사람이랑 혼인을 할 수 있지?"
"서로 잘 아는 친족들끼리 하는 게 당연한 것 아닌가?"
이 조치는 별로 지켜지지 않았어요.
하지만 이때부터 족내혼을 꺼리는 풍조가 생겼어요.
이것은 우리 민족 문화사에 꽤 중요한 의미를 가진답니다.
한편 숙종은 화폐의 사용에도 많은 노력을 기울였어요.
1097년에는 주전관을 두고 주화를 만들어 쓰게 했어요.
1101년에는 은으로 고려의 국토 모양을 본떠 만든 병을 화폐로
쓰게 했고, 이듬해에는 우리나라 최초의 화폐인 해동통보
1만 5,000관을 만들어 문무 대신과 군인에게 나누어 주었어요.

1101년 3월에는 국자감에 서적포를 두어 출판을 장려했어요.
또한 유학을 힘써 일으키는 한편, 원효와 의상을 나라의
스승으로 세우고 불교의 발전을 꾀하기도 했어요.
이로써 고려 문화는 한층 더 풍성해졌답니다.

힘을 키운 여진족이 고려를 위협하다

여진족은 거란의 힘이 약해진 틈을 타 빠르게 성장하고 있었어요.

"폐하, 여진족이 나날이 강해져 변방이 위태롭습니다."

"여진의 사절을 정중히 맞아들여 되도록 충돌을 피하라."

1102년, 숙종은 여진의 사절을 반갑게 맞이했어요.

그리고 은그릇 기술자들을 보내 주기도 했지요.

가까스로 화해를 하여 전쟁을 잠재웠지만,

여진족이 강해질수록 고려는 불안에 떨어야 했어요.

어느 날, 숙종은 윤관의 건의를 받아들여 별무반을

만들었어요. 별무반은 말을 타는 기병으로

구성된 군대예요.

그게 과연 부탁일까, 협박일까?

여진에서 은세공 기술자를 보내 달랍니다.

영토 확장의 꿈을 품은 예종

동북 9성을 손에 넣다

숙종의 맏아들 예종은 왕위에 오르자마자 측근 신하들을 바꿨어요.
외적의 침입에 더욱 잘 대비하기 위해서였지요.
북방의 여진족은 빠르게 성장하여 세력을 키워 가고 있었어요.
'여진이 힘을 얻으니 거란이 약해졌어. 그동안은 거란이 버티고
있어서 영토를 넓힐 생각을 못 했는데, 우리에게도 기회가 온 거야.'
이렇게 생각한 예종은 예전에 거란에 내주었던
압록강변의 성들을 공격해 손쉽게 두 성을 되찾았어요.

18

예종은 좋은 기회를 잡기 위해 나라 밖 형세를 눈여겨보고 있었어요.

그러던 중 1107년 10월, 심상치 않은 보고를 받았어요.

여진족이 고려의 국경을 넘어오려 한다는 거예요.

예종은 여진족이 쳐들어오기 전에 먼저 그들을 치기로 결정했어요.

윤관은 여진족 추장 고라를 비롯하여 400여 명을 불러 잔치를 베풀어

주다가 그들이 술 취한 틈을 타서 모두 죽였어요.

그리고 나머지 여진족들까지 찾아내며 정벌을 시작했지요.

윤관은 별무반을 거느리고 보동음성으로 들어가 여진족과 싸웠어요.

이미 터를 잡고 살던 그들도 방어가 만만치 않았지요.

여진 정벌이 쉽게 이루어지지 않자 윤관은 척준경을 불러 명령했어요.

"그대가 장군 이관진과 함께 적진을 뚫고 들어가야겠네."

19

"고려를 위해서라면 언제든 목숨을 바칠 각오가 되어 있습니다."
척준경은 그길로 화살이 비 오듯 쏟아지는 적진으로 달려갔어요.
척준경이 적장 몇 명을 죽이자 고려군의 사기가 한껏 높아졌지요.
이때 윤관이 군사들을 이끌고 여진족을 무찔렀어요.

마침내 고려는 2년여에 걸쳐 여진을 정벌하고,
동북쪽 변방에 9개의 성을 쌓았어요.

이로써 예종은 영토 확장의 꿈을 어느 정도 이루었어요.
하지만 9성을 유지하는 일은 만만치가 않았어요.
여진족이 살 곳을 달라며 끊임없이 싸움을 걸어 왔기 때문이에요.

여진족에게 9성을 돌려주다

고려 조정에서는 팽팽한 말싸움이 벌어졌어요.

"폐하, 9성을 돌려주고 이제 그만 안정을 찾아야 하옵니다."

"애써 얻은 9성을 돌려주다니요. 있을 수 없는 일이옵니다."

이때 김인존이 나섰어요. 김인존은 지혜로운 인물로

숙종 시대부터 왕이 믿고 의지해 온 사람이에요.

"9성 때문에 여진과 고려는 너무나 많은 피를 흘렸어요.

어쩌면 이 문제로 거란과도 전쟁을 치러야 할지 모릅니다.

9성을 돌려주고 여진에게 조공을 받는 것이 현명합니다."

예종도 더 이상 전쟁을 할 생각이 없었어요.

나라 살림도 어려워지고 민심도 흉흉해졌거든요.

결국 말도 많고 탈도 많았던 여진 정벌은 9성을 돌려주는

것으로 결론이 났어요.

고려는 여진이 대대손손 공물을 바치고 국경을 침입하지

않겠다는 약속을 받고, 1109년 7월에 동북 9성에서 물러났어요.

그런데 이번에는 윤관의 책임을 묻는 목소리가 높아졌어요.

"윤관은 외교로도 충분히 해결할 수 있는 문제를 전쟁으로

끌고 간 죄인입니다. 지킬 수도 없는 땅을 잠시 얻는다고

나라에 무슨 이득이 되겠습니까?"

"하루빨리 윤관을 내치셔야 합니다."

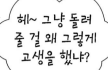

헤~ 그냥 돌려
줄 걸 왜 그렇게
고생을 했냐?

"그럴 수 없다. 윤관은 예전에 우리가 여진에 당했던
치욕을 갚아 주었다."

예종은 윤관을 처벌하지 않았어요.

윤관은 여진에 크게 졌던 치욕을
갚아 주었고, 별무반을 운영했던 경험을
바탕으로 언제든 농민들을 동원할 수 있는
체계를 갖추었거든요.

하지만 고려는 힘들게 차지한 동북 9성을
여진에게 돌려줌으로써 실리를 얻지
못했어요.

예전의 고려는 군사력을 갖추고
있으면서도 나라의 이득을 꾀하면서
평화롭게 국력을 키워 나갔어요.

하지만 예종의 무리한 영토 확장의 꿈은
평화는커녕 이익도 얻지 못했고,
백성들의 원성만 사고 말았어요.

꾸준히 성장한 여진족은 마침내 1115년에 금나라를 세웠어요.

얼마 후 금나라가 거란족의 성을 공격하기 시작했어요.

그러자 거란이 고려에 도움을 청해 왔어요.

예종은 혀를 끌끌 차며 거란의 사신을 업신여겼어요.

"어허, 그렇게 힘들게 성을 지키고 있단 말이오? 그냥 우리에게

넘겨주는 것이 낫겠구려. 그러면 도움을 청할 필요도 없지 않겠소?"

예종은 거란을 돕기는커녕 그 틈을 타 영토를 넓힐 기회를 노린 거예요.

고려의 대답에 거란의 야율녕은 크게 실망했어요.

'차라리 고려에 성을 넘겨주는 것이 낫겠다.'

야율녕은 성에 살던 주민들을 이끌고 거란으로 돌아갔어요.

이로써 압록강변의 성을 노리던 예종의 계획은 성공을 거두었어요.

▲ 윤관의 여진 정벌 기록화

왕권에 도전을 받은 인종

경원 이씨가 권력의 중심에 서다

예종이 죽은 뒤 14세의 어린 인종이 왕위에 오르자

서서히 외척 세력이 권력을 쥐고 흔들기 시작했어요.

외척 세력의 중심에 서 있던 사람이 이자겸이었어요.

이자겸은 경원 이씨 집안이었기 때문에 권력을 휘두를 수 있었어요.

경원 이씨는 신라 말과 고려 초 인주 지방의 호족이었어요.

"감히 어떻게 경원 이씨에게 덤빌 수 있겠어? 현종부터 선종에

이르기까지 경원 이씨와 관련되지 않은 분이 없는걸."

"그러게 말일세. 특히 이자겸 어른은 둘째 따님이 예종의 비가 된 후엔

거칠 게 없는 눈치야."

그 당시 북쪽에서는 여진이 세운 금나라가 점점 강성해졌어요.

그러다가 마침내 요나라를 무너뜨렸지요.

고려는 국경을 튼튼히 지키는 한편 현명한 외교 전략도 짜야 했어요.

하지만 이자겸 세력이 날로 커지고 왕권이 흔들리면서

제대로 대응할 형편이 되지 못했어요.

이자겸이 반란을 일으키다

이자겸이 인종을 제쳐 두고 제멋대로 나랏일을 주무르자,
관료의 중심 인물인 한안인이 이자겸을 없애려고 마음먹었어요.
"폐하, 이자겸이 뇌물을 받고 관직을 팔고 있다고 하옵니다."

소문뿐이었지만 근거 없는 말은
아니었어요. 하지만 귀양을 갔다가
죽은 것은 오히려 한안인이었지요.

죽지 못해
안달이군. 어디 뜨거운
맛 좀 봐라.

그러게 왜
잠자는 사자 코털을
건드려?

28

이자겸의 횡포를 보다 못한 내시 김찬이 인종에게 말했어요.

"폐하, 이자겸을 치십시오. 이젠 왕실의 권위를 찾으셔야 합니다."

"좋다, 이자겸과 그를 돕는 무리들을 모두 잡아들이거라."

이 사실을 알게 된 이자겸은 서둘러 대책을 세웠어요.

"척준경 장군, 이 상황을 어떻게 헤쳐 나가야겠소?"

척준경은 자신의 아우와 아들이 죽임을 당한 사실을 알게 되자 무기를
버리라는 왕의 명령도 거부했어요. 그리고 궁궐에 불을 질렀지요.

잔뜩 겁을 먹은 인종은 마침내 이자겸에게 항복했어요.

하지만 인종은 희망을 버리지 않았어요.
척준경을 다독여 끌어들이기 위해 다음과
같은 조서를 내렸지요.
"이 모든 것이 나의 죄니, 그대는
이전의 일은 모두 잊고 부디 나를
성심껏 도우라."

충성스러운 나를
변하게 한 게 대체
뭣이란 말인가?

왕의 조서를 받은 척준경은 마음이 조금 움직였어요.

게다가 그즈음 척준경은 이자겸과 사이가 좋지 않았어요.

자신의 집사와 이자겸 아들의 집사 사이에 벌어진 싸움 때문이지요.

특히 인종을 없애려는 이자겸에 강한 거부감을 가지고 있었어요.

그러던 차에 척준경에게 또다시 조서가 내려왔어요.

"오늘 나를 치기 위해 군사들이 온다고 들었다. 내가 죽임을 당한다면,
대신들에게도 큰 치욕이 될 것이다. 그대는 속히 대책을 마련하라."

마침내 인종에 대한 충성을 맹세한 척준경은 장교 7명과 노비 20여 명을
이끌고 궁궐로 달려가 갑옷과 투구로 무장했어요.

그리고 인종을 안전한 곳으로 피신시킨 뒤, 이자겸과 그를 따르는
자들을 모두 잡아 오라고 명령했어요.

이튿날에는 왕을 죽이려고 숨어 있던 승려 의장도 붙잡았어요.

이자겸은 귀양 간 지 몇 달 만에 죽었답니다.

묘청의 난

서경으로 수도를 옮겨야 한다는 주장을 처음 한 사람은 승려 묘청이에요.
이 일로 이익을 얻게 될 신하들이 풍수설을 들먹이며 인종을 부추겼어요.
"묘청은 성인입니다. 그의 의견에 따르면 태평성대를 이룰 것입니다."
솔깃해진 인종이 묘청을 불러 의견을 묻자, 묘청은 자신 있게 말했어요.
"서경으로 수도를 옮기면 천하를 다스릴 수 있을 것입니다."

1129년 서경에 대화궁이 완성되자, 인종은 한동안 그곳에 머물렀어요.

그런데 1130년에 서경 중흥사의 탑이 불타고,

1132년에는 인종이 서경에 다녀오는 길에 폭우를 만났어요.

"절의 탑이 불탔다는 것은 분명 하늘이 노하신 것입니다."

"묘청은 서경 천도가 모든 문제를 해결한다고 말했지만,

오히려 나쁜 일이 자꾸 일어나고 있습니다. 묘청을 벌하셔야 합니다."

마침내 조정은 묘청이 이끄는 서경 세력과

김부식이 이끄는 개경 세력으로 나뉘어 치열한 다툼이 벌어졌어요.

묘청은 자신의 지위를 굳히기 위해 인종에게 서경 행차를 권했지만,

대신들의 반대로 인종은 서경으로 갈 수 없었어요.

그러자 1135년 1월, 묘청 세력은 서경 천도를 실현하기 위해 서경에서

반란을 일으키고 인종에게 이런 편지를 보냈어요.

"지금 주상께서 서경으로 오시면 이 난리는 금세 수습될 것입니다."

개경의 신하들은 이 편지를 보고는 거세게 반발했어요.

"이런 못된 것들이 있나? 폐하, 저들은 역도들입니다."

"지금 당장 군사를 보내 모두 없애야 합니다."

개경파가 벌 떼같이 들고일어나니, 인종은 어쩔 수 없이 군사를 보냈어요.

김부식이 이끄는 관군이 나서자 반란 지역에 있던 많은 성들이

관군 편으로 돌아섰어요.

김부식은 반란군을 이끌고 있는 조광에게 항복을 권했어요.

조광은 항복을 결심하고 묘청, 유담 등의 목을 베어

윤첨을 시켜 개경으로 보냈어요.

그런데 개경에 도착한 윤첨이 옥에 갇히자,

조광은 항복을 해도 소용없다는 것을

깨달았어요. 그래서 끝까지 싸우기로

마음을 바꾸었어요.

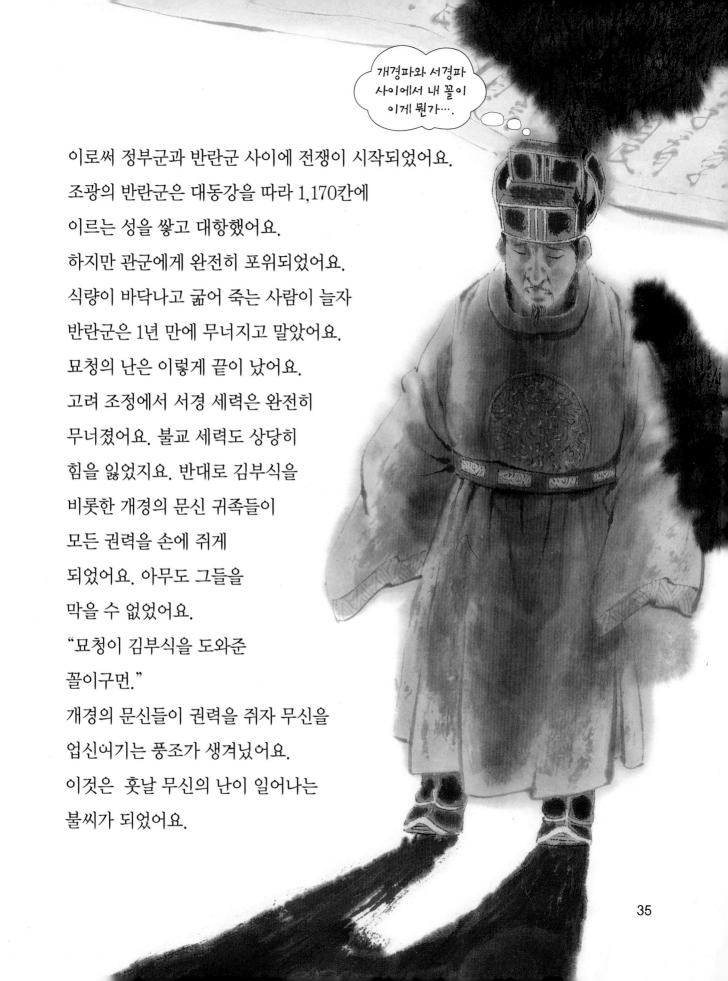

개경파와 서경파
사이에서 내 꼴이
이게 뭔가….

이로써 정부군과 반란군 사이에 전쟁이 시작되었어요.
조광의 반란군은 대동강을 따라 1,170칸에
이르는 성을 쌓고 대항했어요.
하지만 관군에게 완전히 포위되었어요.
식량이 바닥나고 굶어 죽는 사람이 늘자
반란군은 1년 만에 무너지고 말았어요.
묘청의 난은 이렇게 끝이 났어요.
고려 조정에서 서경 세력은 완전히
무너졌어요. 불교 세력도 상당히
힘을 잃었지요. 반대로 김부식을
비롯한 개경의 문신 귀족들이
모든 권력을 손에 쥐게
되었어요. 아무도 그들을
막을 수 없었어요.
"묘청이 김부식을 도와준
꼴이구먼."
개경의 문신들이 권력을 쥐자 무신을
업신여기는 풍조가 생겨났어요.
이것은 훗날 무신의 난이 일어나는
불씨가 되었어요.

환관에 둘러싸인 의종

환관들이 권력을 잡다

의종은 인종의 맏아들이었지만 어린 시절부터 공부는 하지 않고
격구 등 오락만 즐겨 왕위에 오르지 못할 뻔했어요.
그때 나서서 의종을 왕위에 앉힌 사람이 정습명이었어요.
하지만 정습명이 나랏일에 일일이 참견하자 의종은 차츰 싫증이 났어요.
'환관 출신들로 측근 세력을 만들어 문신들을 눌러야겠어.'
그러고는 정함, 김존중 등 환관 출신 인물들을 가까이 두었지요.
의종은 이들과 어울려 오락을 즐기며 나랏일은 돌보지 않았어요.

난 왕위보다 말 위가 더 좋아!

그러자 정습명을 비롯한 신하들이 상소를 올리기 시작했어요.

"왕의 정신을 흐리게 하는 내시와 환관들을 처벌하소서."

의종은 측근들 중 몇 명을 유배시키면서 뒤로 물러서는 척하더니,

곧 다시 김존중을 가까이 두고, 정습명을 쫓아내 버렸어요.

문신들도 가만히 있지 않았어요.

의종의 측근들이 쫓겨나고 김존중마저 병으로 죽었어요.

의종은 가까운 문인들과 내관들을 모아 다시 세력을 이루었지요.

의종은 자신의 힘이 강해졌다는 생각이 들자

정함에게 아주 높은 벼슬을 주었어요.

이후로 환관과 내시들의 권력은 비할 데 없이 강해졌어요.

왕이 되어 격구를
하면 더 재밌을
텐데요?

정중부의 난

묘청의 반란이 실패한 뒤 서경의 무신 세력은 힘을 잃고 말았어요.

이때부터 문신들이 무신들을 무시하기 시작했어요.

의종이 몇몇 문신들과 향락을 즐기면서 그런 경향은 더욱 심해졌어요.

"우리가 연회를 즐기는 동안 너희들은 주변을 잘 지키거라."

의종이 문신들과 밤새 노는 동안 무신들은 경비를 서야 했어요.

먹지도 쉬지는 못하는 무신들은 힘겨운 시간을 보내야 했지요.

"칼이나 휘두르는 것들이 힘쓰는 일 외에 뭘 할 줄 알겠소?"

무신들을 더욱 힘들게 한 것은 문신들의 노골적인 멸시와 모욕이었어요.

정중부의 난은 바로 이러한 시기에 일어났어요.

정중부는 의종의 신임을 얻어 상장군의 직위에까지 올랐지만,

멸시를 받는 것은 다른 무신들과 마찬가지였어요.

1170년 8월 29일에도 의종은 문관들과 함께 놀고 있었어요.

그날따라 한뢰, 이복기, 임종식 등 문인들이 무관들에게

못되게 굴어 병사들의 화가 머리끝까지 올랐어요.

그때 이의방과 이고가 정중부에게 넌지시 말했어요.

"상장군, 언제까지 참으실 것입니까?"

"이제 때가 된 듯하다. 왕이 보현원(지금의 춘천 청평사)으로 가면,
그때 실행하자."
아무것도 모르는 의종은 그저 노는 일에 빠져 있었어요.
"내일은 보현원에서 연회를 즐기자꾸나. 그런데 너희 호위병들은
왜 그리 어깨가 축 처져 있느냐? 어디 수박희나 한번 해 보거라."
그런데 수박희를 하던 대장군 이소응이 한뢰에게 뺨을 맞았어요.
웃음거리가 되자 정중부가 앞으로 나서며 소리쳤어요.
"한뢰 이놈! 네놈 따위가 어찌 대장군에게 심한 모욕을 주느냐?"
이고는 칼을 잡고 정중부의 공격 명령을 기다렸어요.
하지만 정중부는 분노에 떨면서도 좀 더 기다리라는 눈짓을 보냈어요.

어둑어둑해질 무렵 의종의 행렬이 보현원에 이르렀어요.

왕이 정자 안으로 먼저 들어가자, 정중부 일당은 칼을 휘둘렀어요.

그 자리에 있던 문관들은 순식간에 목숨을 잃었어요.

"문관은 한 놈도 살려 두지 마라!"

정중부는 군사를 이끌고 대궐로 달려가 수많은 관리들을 죽였어요.

"정중부는 당장 살인을 멈추지 못할까!"

하지만 무신들은 의종의 명령을 무시했어요.

며칠 후에는 의종을 내쫓고 그 아우 익양공 '호'를 왕으로 세웠어요.

정중부의 난으로 문신들은 몰락하고 무신들의 시대가 열렸어요.

이제 무관의 세상이 올 것이다.

41

불상과 건물로 엿보는 고려의 불교 미술

불교는 고려 시대에 국교가 되었어요. 그래서 이 시기에는 왕족과 귀족들뿐만 아니라 일반 백성들에게도 불교가 널리 전파되었지요. 특히 경주의 귀족 문화가 지방으로 퍼져 나갔어요. 이런 배경 때문에 불교 미술은 각 지역에 따라 개성 있게 발전했어요.

❀ 불상이 커졌어요

고려 시대에는 굉장히 큰 불상이 유행했어요. 가장 큰 불상은 충청남도 논산시 관촉사에 있는 '관촉사 석조 미륵보살 입상'인데, 그 높이가 무려 18미터나 돼요. 당시 충청도 지역에서 유행하던 불상 양식을 대표하는 작품이에요.

체구에 비하여 얼굴이 큰 편이며, 옆으로 긴 눈, 넓은 코, 꽉 다문 입 등이 토속적인 느낌을 줘요. 불상의 몸은 거대한 돌을 원통형으로 깎아 만든 느낌을 주는데, 거대한 규모에 비해 조각 기법은 단순해요. 양 어깨를 감싸고 있는 옷의 주름 선도 매우 간단하게 표현되어 있어요.

우아~ 굉장히 높

▲ 관촉사 석조 미륵보살 입상(보물 제218호)

▲ 선운사 도솔암 마애불(보물 제1200호)

❀ 불상의 크기로 왕권을 과시해요

고려 시대에는 큰 바위나 암벽에 새긴 커다란 마애불도 유행했어요. 선운사 도솔암 마애불, 안동 이천동 마애불, 대흥사 북미륵암 마애불이 대표적이에요.

불상이 이렇게 커진 것은 신라 말부터 고려 전기까지인데, 새로 생긴 나라들이 왕권과 중앙 정부의 위력을 과시하기 위해 불상을 점점 더 크게 만들었어요. 지방의 세력가들도 자기의 힘을 자랑하기 위해 커다란 불상을 만들었대요.

✿ 불탑과 불전

고려 후기에는 아름다운 불탑과 불전 들이 많이 만들어졌어요. 그리고 그 불탑과 불전 들은 사찰에서 부처의 가르침을 전하는 역할을 해 왔지요. 월정사 8각 9층 석탑은 강원도 오대산에 있는 석탑으로, 안정적인 구조에 화려한 기법으로 제작된 고려를 대표하는 석탑이에요.
현재 남아 있는 우리나라 건물 중 가장 오래된 봉정사 극락전은 고려 후기 목조 건물이에요. 13세기 무렵에 창건된 것으로 짐작하고 있어요. 경상북도 영주시에 있는 부석사 무량수전도 봉정사 극락전과 더불어 오래된 건물 중 하나예요. 팔작지붕, 주심포 양식 등 고대 사찰의 건축 양식을 연구하는 데 무척 중요한 자료이지요.

▲ 월정사 8각 9층 석탑(국보 제48호)

▲ 봉정사 극락전(국보 제15호)

▲ 부석사 무량수전(국보 제18호)

한국사 돋보기 ☆ 고려장이 정말 있었을까?

인도의 기로국 설화에도 비슷한 이야기가 있대.

고려 시대에 늙은 부모를 산속에 내다버리는 '고려장'이란 풍속이 있었다지만, 사실 역사책에는 고려장 이야기가 없어요. 소설처럼 꾸며 낸 이야기에만 나오지요. 중국의 〈효자전〉에도 '고려장'과 비슷한 이야기가 있어요. 할머니를 지게에 지고 가 산에 버린 후 내려오려는데, 함께 간 아들이 그 지게를 챙기는 것을 보고 아버지가 이유를 묻자, 나중에 아버지가 늙으면 버릴 때 쓰려고 한다고 말했어요. 이 말을 들은 아버지가 효도에 대해 크게 깨닫게 되었다는 이야기예요.

세계로 뻗어 나간 꼬레아 상인들

오늘날 우리나라를 '코리아'라고 부르는 것은 '고려'에서 비롯되었어요. 무역을 하러 고려에 온 아라비아 상인들이 '고려'를 '꼬레(Coree)' 또는 '꼬레아(Corea)'라고 발음하면서 고려를 유럽에 알렸거든요. 당시 고려는 외국 여러 나라와 활발하게 무역을 했답니다.

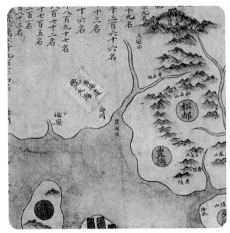

▲ 해상 무역항인 벽란도 지도

❀ 국제 무역항 벽란도

중국은 물론 동남아시아와 일본을 비롯해 멀리 아라비아의 상인들까지 고려를 찾아왔어요.

배를 타고 황해를 건너온 외국 상인들은 벽란도에 짐을 내리고 장사를 했어요. 벽란도는 예성강 하구에 자리 잡고 있기 때문에 개경으로 연결되는 교통의 요충지였거든요.

외국의 상인들은 각국의 신기한 물건들뿐만 아니라 새로운 문물과 문화도 들여왔답니다. 벽란도에는 외국 상인과 사신들이 묵던 벽란정도 있었어요.

❀ 무엇을 수입하고 수출했을까?

고려와 무역을 가장 많이 한 나라는 역시 송나라예요. 송나라 상인들은 비단을 가장 많이 가져왔어요. 책과 차, 한약재뿐만 아니라, 공작새, 상아, 물소의 뿔 같은 값비싼 물건들도 가져왔지요. 아라비아 상인들이 가져온 몰약과 향료, 수은 등은 고려 사람들에게 신비로운 물건이었답니다.

고려 시대에도 인삼은 퍽 인기 있는 수출 상품이었어요. 또 삼베, 먹, 종이, 도자기 등도 수출했지요.

1090

헌종 즉위 ➡ 1094

숙종 즉위 ➡ 1095 ⬅ 클레르몽 종교 회의

전국에 12목 설치 ➡ 1096 ⬅ 제1차 십자군 원정 시작

주전도감 설치 ➡ 1097
의천, 천태종 개창

대각 국사 의천

송나라에서 공부하고 돌아와 우리나라에 처음으로 천태종을 열었으며, 흥왕사에 교장도감을 설치하고 〈속장경〉을 간행했어요.

1100 ⬅ 북송, 휘종 즉위

해동통보 주조 ➡ 1102

예종 즉위 ➡ 1105

윤관, 여진 정벌 ➡ 1107

1115 ⬅ 아구다, 금 건국

예루살렘 성문의 십자군 병사

서유럽의 크리스트교도들은 11세기 말에서 13세기 말 사이에 8차례에 걸쳐 십자군 원정을 떠났어요.

지금은 속장경의 목록만 남아 있어.

1120

인종 즉위 ➡ 1122 ⬅ 로마 교황과 신성 로마 제국 황제, 보름스 협약 체결

1125 ⬅ 금, 요를 멸망시킴

이자겸의 난 ➡ 1126

1127 ⬅ 북송 멸망, 남송 시작

묘청의 서경 천도 운동 ➡ 1135

김부식 ▶

예루살렘과 팔레스타인을 되찾으려는 거였어.

1140

김부식, 〈삼국사기〉 편찬 ➡ 1145

의종 즉위 ➡ 1146

1147 ⬅ 제2차 십자군 원정 시작

1163 ⬅ 프랑스, 노트르담 성당 건축 시작

무신정변 ➡ 1170